Trosečníkem na Opuštěném Ostrově

Sbírka básní pro
záchranu a osvícení ztracených duší

Frank Navrátil

Ilustrovala Jana Navrátilová

(napsáno a ilustrováno během pandemie Covid-19)

Trosečníkem na Opuštěném Ostrově

Pro Janu Navrátilovou
Děkuji Ti, že jsi mě zachránila z opuštěného ostrova

www.middlewaymindtraining.cz

První vydání
Vydal Frank Navrátil
Purkyňova 1246/9
Říčany, Česká republika

ISBN 978-80-88022-20-6

OBSAH

Trosečníkem na opuštěném ostrově

Tento ostrov, který nás obklopuje
kde mnoho lodí přistálo
snaží se nám podat pomocnou ruku
ale my zůstáváme ztraceni a ztroskotaní

Ženeme se do každé nekonečné bitvy
cestou způsobujeme bolest
vzdálenost mezi námi
den ze dne roste

Posedlí svými závislostmi
s hlavou uvízlou v písku
unikáme bolestivé pravdě
ztrácíme přehled o tom, kde stojíme

Věříme, že opravdu můžeme
koupit každý sen
majetek zhodnocujeme
zatímco sami hodnotu ztrácíme

Soustředíme veškerou svou sílu
snažíme se být nejlepší
zvětšujeme své čisté jmění
abychom byli lepší než ostatní

Tolik času jsme promrhali
tolik času je ztraceno

žijeme, jako by to bylo navždy
ale za všechno se platí

Vzpomeneme si, když padáme
nebo když je smrt nablízku
na změnu myslíme
jen když náš život čelí strachu

Způsobujeme škodu, abychom se dostali vpřed
co zasejeme, to sklízíme
možná nás za celou dobu nikdo soudit nebude
ale tajemství nikdy nespí

Uzři zákon karmy
a nech osud odhalit
snad nás ta lekce dokáže poučit
včas, než příliš zestárneme

Kdo pošle tu loď
která zachrání všechny naše duše
a vezme nás zpět v čase
abychom mohli zaplnit všechny ty díry

Procházíme tímto životem
lezeme nahoru a dolů každý kopec
ale budeme mít odvahu
natáhnout ruku, když jsme stále…
trosečníkem na opuštěném ostrově

Nejistota

Člověk může někdy žasnout nad světem
pro jeho smutné obavy, jeho šílenou výchovu,
nekonečná nezodpovězená moře odloučení
přesahující celý vesmír
sytící a prostupující naše velmi pokorné duše

Cokoli navíc by uvalilo kletbu
na ty, kteří hledají osvěžení v suché bezedné studni
smrtelníkovy oči se klaní majestátním horským bohům
odrazy vnitřní síly vycházejí
z tmavé smaragdové laguny vědomí
proudí nekonečně jako roztavená láva
zatížená tekutina dychtí a touží
volně protékat štěrbinami osudu

Pravda odhaluje svou nahotu pouze pozorným očím
lupa může dešifrovat, ale také spalovat
pod pečícím letním sluncem

Vzdálené výkřiky lákají
křehké stisky rukou svobody vyklouznou
do zapomnění zrady
hluboko až k samotné hranici smrtelnosti
aréna moudrosti však vládne
zatímco herci vstupují na jeviště
Minutu po minutě
případ za případem

písky času splétají příze

rozumu a zmatku

hříchu a spásy

sytosti a nedostatku

do pestrých látek protikladů

Pod vrženým stínem se mihotá světlo

nepříznivé počasí ustupuje

lodě klidně plují po mořích zakázané temnoty

informátoři, schraňujte a objevujte novou půdu

dříve, než rozmarná smrt položí svou ruku na každého, kdo má strach

Posíláme píseň, jejíž melodie hledá civilizaci, kde duše tančí tanec

štěstí

Posíláme vzpomínku, která prostě touží po rozumu

všeho, co se rozpadá, však umí opět vstát z mrtvých

Posíláme bublinu hierarchické převahy

a necháme ji plout a znovu stvrdit svou integritu mezi galaxiemi

Posíláme temné anděly patosu, kteří nás opouštějí

na konci všech klišé světa

Posíláme prince, jehož neukojitelné výboje

mění zlato v oheň a diamanty v prach

Posíláme ducha, který hledá náš vyvolený osud

mezi nekonečnými přítoky života

Posíláme svatý plášť, aby zahalil toho, o němž věříme, že je dárcem

života,

teplem slunce, vyvoleným

A konečně, v symfonii naděje

osvobodíme ptáky, jejichž křídla letu

nás bezpečně přenesou za hranice našich možností

přes temná mlhavá pole

nejistoty

Proč jsem stále tady?

Nejméně tisíc životů
stavění hradů v písku
sotva držím se nad vodou
uchopit vše, co můžu

Touha po odpovědích
aby rozptýlily můj strach
měl bych být na lepším místě
ale proč jsem stále tady?

Posun o krok vpřed
pád o dva kroky zpět
naplněný slávou a bohatstvím
ale je to štěstí, které mi chybí

Vylezu na další horu
jsem o stupeň výš
měl bych se cítit spokojený
ale proč jsem stále tady?

Stavím zdi kolem svého ostrova
soudím vše, co je tam venku
teď všechno se mi vrací
není kam se schovat

Je toho tolik, co jsem chtěl
cesta byla dříve tak jasná
měl jsem konečně dosáhnout toho místa
ale proč jsem stále tady?

Ublížil jsem tolika lidem
zranil jsem tolik přátel
jen abych se stal obětí
na cestě, která nikdy nekončí

Stále mám hodně co se učit
konec je ještě daleko
další šance věci napravit
proto jsem stále tady.

Unášení

Vzdálenosti

mil otevřených moří

zkušeností toužících být sdíleny

trhlina roste a mosty mizí

vlny přicházejí

ztracené vzpomínky podél pobřeží

čekají, až se objeví na povrchu

jako zvětralý kus

naplaveného dřeva nebo leštěná sněhově bílá škeble

ptáš se sám sebe

„odkud to pochází?“

unášení…

pak, když konečně dosáhneš konce

uvědomíš si, že je tu jen větší vzdálenost

více prázdného prostoru

nebo jsi možná

jen běžel dokola

v kruzích

a zpět na místo, odkud jsi začal

vzdálenost je nebezpečná

tichý odsun

samotářská povaha

loď bez vesel

jen unášení…

Bardo

Dočasné pozastavení
mezi
jednou dimenzí a
tou další
zlomenina mezi
prasklinami
pauza mezi
dechy
čas před
změnou
interval
mezi jedním časem
a
budoucností
tiché intermezzo
mezi
první a
druhou notou
přestávka mezi
prvním
a druhým aktem
změna směru
bezmyšlenkovitý prostor
horský předěl
odpočinek
mezi každým
úderem srdce

a mezera
mezi každou
myšlenkou
o minulosti
a tou o budoucnosti
trhlina
tam
v přítomném okamžiku
tam
v propasti nejistoty
tam
v tom místě
poté, co jsem prohrál
a
než jsem získal
mezi tím, co vím
a tím
co se snažím pochopit
najdu
všechno, co potřebuji
v této prázdnotě
tady
jsem v klidu
tady
jsem naživu
tady jsem se rozhodl být
tady jsem probuzený

Myšlenky, slova a činy

Vracím se sem s lítostí
za to, k čemu jsem byl veden
začalo to jen s jednou myšlenkou
kterou jsem nemohl uzavřít do karantény

Má mysl si nebyla vědoma
jak ten jediný okamžik přešel
a vůbec jsem netušil
jak malou kontrolu jsem měl

Ale teď je už příliš pozdě
protože to nemohu vzít zpět
nechal jsem otevřené dveře
aby tento virus unikl

Zrod myšlenek
z mé nakažené mysli
kde ego mě svírá
a emoce divoce proudí

Tam ještě mohu zneškodnit
bombu, než vybuchne
ale hněv nezná hranic
a špatné myšlenky se mění v nenávistná slova

S takto vyřčenými slovy

že vzniká svět bolesti

s nekontrolovatelnými záchvaty vzteku

predátor útočí na svou kořist

Posedlý a bez kontroly

nucen páchat zločin

skutky nezkrocené vášně

otrávené prostory mé mysli

Ztratit vše, co vím

prázdné oceány hluboko uvnitř

stát se právě tím

kým jsem nikdy nechtěl být

Teď zasazuji své myšlenky

a všímám si jejich povahy

nechávám je vyrůst z milujících srdcí,

něžných slov a zdravých skutků

Anděl noci

Kdysi jsem byl někdo
kdysi mi na něčem záleželo
moje kniha je nyní plná prázdných stránek
a jsou rozptýleny všude

Každý okamžik teď mi uteče
každý den, pak každý rok
jak zírám do prázdné láhve
bojím se dokonce i plakat

Tak prosím, vezmi mě zase zpět domů
můj anděli noci
vezmi mě zase zpět domů

Protože cesta, kterou jsem znal, vybledla
jsi moje jediná naděje v dohledu
vezmi mě domů, můj anděli noci

Celý den trávím žebráním o dary,
abych si mohl koupit ještě více
myslí si, že se mi opravdu snaží pomoci,
ale neví, proč jsem tady

Je to jediná věc, kterou zbývá milovat
dovol mi být věčným otrokem

protože jediný čas, kdy musím myslet
je, když se probouzím ze svého hrobu

tak prosím, vezmi mě zase zpět domů
můj anděli noci
vezmi mě zase zpět domů

Jestli mě nikdy nikdo nemiloval
pak jsi moje jediná naděje v dohledu
vezmi mě domů, můj anděli noci

První setkání

Ztracen ve stagnaci předvídatelné existence
nesčetné davy anonymních lidí v ulicích
prázdné neurčité duše

Zpod stinné cesty
forma, objímající světlo

Objeví se jako duha
světlo proti slabému proudu
potu z mého obočí

Mé srdce ustrnulo před jejími jemnými křivkami
její krk štíhlý jako labutí šíje
sleduji s údivem, napjatý
moje mysl ztrácí rovnováhu a vidění se rozmazává
z hlubin se vynořuji

Snažím se jít kupředu
statečný jezdec na její záchranu
smeten z cesty ublížení
moje mysl ten příkaz odpálí
pokračuji prostoupen city, ale zůstávám jako kamenná socha

Čerpá vzduch z mých plic

pohlcuje můj dech

a podpírá mě v mém osamělém sestupu

Pohybuje se jako klávesy klavíru po melodických stupnicích

její forma kopíruje klasickou křivku stradivárek

její silueta kreslí portrét proti měsíční obloze

Její magnetické oči zvou

jako teplo ohně za chladné noci

její úsměv září

jako první sluneční paprsek na jinak zatažené obloze

Jen ji zahlédnout změní mnoho z nás

tulácký žebrák stojí hrdý

bohatí a vznešení jsou pokořeni

nejtvrdší srdce změknou

Vdechuje naději i těm nejtrpčím duším

a ukazuje směr v nejhlubších temných lesích

ztělesňuje nevinnost novorozence

přesto má sílu učinit lidské války zbytečnými

Její tanec zapaluje vrcholné emoce

moje mysl závodí osvěžena

dešťovými kapkami proti mé tváři

vdechuji ji, když obývá mé plíce

Když vydechuji, rychle ji unáší vítr

první setkání ustoupí do trezorů paměti

iluze dokonalosti zůstává

oblečení, které se nikdy neobnosí

barvy, které nikdy nevyblednou

Na jediný okamžik

sledoval jsem, jak se svět zastavil

a letěl jsem s anděly

na slavnost, kde se kolotoč nikdy nezastaví

Posbírám své věci a vyrazím na svou cestu zpět v čase

rozplynu se, jako se mění roční období

zpět znovu do anonymního davu

Mé klinické životní prostředí

Uhlazené klinické prostředí je životu příjemné
a tak si ho rád zachovám
urovnaná plocha jako orná půda
takhle mi to vyhovuje

zvenku zákeřné sirény
bláto, špína, popeláři
napadají můj osobní mírumilovný prostor
a vtáhnou duši do kaleidoskopů chaosu
a do pochybností, které neustále trvají

ale uvnitř má všechno své místo, předem stanovenou pozici
potvrzeno a ověřeno určitým závazkem
ospravedlněno svou samotnou existencí, znovu a znovu
nikdy neselhává a nikdy nezaváhá

žádné přetahování pastelkami za čáry
žádné váhání, žádné kolísavé rozhodování na zubatých vrcholcích hor
pouze hladký, broušený povrch prázdného stolu
jako střevo očištěné vlákninou

padající kapky deště cákají na okenní tabuli
šedě temná připomínka
bouře lidských výkřiků ve tmě
zvrácená bolest procházející skrze stíny vražedného záměru

otroci kompromisu a přijetí přikování k zemi

jako vrabec se zlomeným křídlem

zámek se usmívá na známou tvář

a pečetí ztracený osud

zatímco vnitřkem prostupuje mlha opojného ticha

ještě stále během té klinické pacifikace

jako když slepý člověk náhle rozpozná svou vyšlapanou zem

a padá do natažených paží pohodlného křesla

do hlubokého bezesného spánku

Nenarozené dítě

Čekám netrpělivě na své nenarozené dítě
jako malíř na své umělecké dílo
nebo spisovatel na ta oslnivá slova
která pramení přímo ze srdce

Hluboko v mém bolavém lůně
zasadím svou jedinou touhu
vyživováno, čeká tam
aby se narodilo a zažehlo oheň

Všichni doufáme, že sklidíme ovoce
dítěte, které chováme uvnitř
někdy tyto sny mohou dozrát
prostě usnout nebo odeznít

Ale nyní holá pustina
se spoře úrodnou půdou
tam nemůže vzejít žádné semeno života
tam žádného ducha nelze najít

Oplodněná očekávání
nyní mizí den za dnem
slepě procházím lesem
snažím se najít svou cestu

Teď to říkám s hlubokým povzdechem

a doufám, že přijde čas

ale jak to v domě života bývá

mnoho zůstává nedokončeno

Možná se nesetkám se svým nenarozeným dítětem

ale přesto jsem vděčný

za dary, které nacházím na své cestě

jsem navždy požehnán

Uvědomuj si mě

Haló?

Proč nejsi tady?
Uvědomuj si mě
protože já jsem tvá přítomnost.
Uvědomuj si mě.
Jsem jediná dimenze
ve které skutečně přebýváš.

Proč mě teď nevidíš?
Jsem naživu a plný energie
jsem vzhůru a připraven
mám schopnost
ti umožnit život
a zažehnout plamen.

Proč pořád spíš?
Právě v tuhle chvíli
jsem ti k dispozici
mám tolik co nabídnout
tolik co sdílet
ale ty ses rozhodl být nepřítomný.

Nejsem tvá minulost.

To místo je pustá země

navždy mrtvá a opuštěná

plná vybledlých vzpomínek a lítostí.

Probuď se a tancuj se mnou

žádný život předtím neexistuje.

Nejsem ani tvá budoucnost.

Nespočívám ve tvých snech

nejsem tvá prázdná přání

ani tvé křehké představy

nejsem ani tvé neopodstatněné obavy a starosti.

Jsem skutečný, tady a teď.

Já jsem tvůj dech

jak tvůj hrudník stoupá a klesá.

Jsem ten vítr

co ovane tvou tvář.

Jsem tvoje štěstí

jsem v každém klidném okamžiku.

Jsem tvá klidná oáza

jsem záře slunce

zahřívám tvou vlastní bytost

existuji zde a existuji nyní.

Nejsem jen oblak myšlenek

ve tvé divoké mysli.

Jsem prázdné plátno
čekající na malování.
Pouhým tahem štětce
můžete malovat svou cestu
vlastní život, svůj mistrovský kus…
Pojď se mnou nakreslit své umělecké dílo.

Pokud si mě neuvědomíš
brzy uvadneš a zchřadneš
protože já jsem ten zvuk, který neuslyšíš
pozornost v každém detailu
jsem ta vůně, dotek
obraz, před kterým zavíráš oči.

Může to být škoda
že právě v tomto lidském životě
rozhodl ses nežít.
Otevři oči a podívej se, co jsem.
Uvědomuj si mě, jsem tu vždy s tebou
tady a teď, kde žije štěstí.

Esence Buddhy

Pohřben hluboko dole
vrstvy zahalené mysli
bez neustálého štěbetání
jasné a zářivé světlo

Klidný nezčeřený oceán
nekonečná plocha oblohy
neomezená mysl tak otevřená
že dokáže vstoupit do každých dveří

Nádherný chrám klidu
úkryt před každou bouří
jádro něžné laskavosti
hravá fontána lásky

Proud dětské nevinnosti
osvobozen z vězení
neklamný pocit jasnosti
osvěžení pro duši

Jako ztracený a potopený poklad
skrývající cenné drahokamy
každý může sdílet to bohatství
a ukojit svůj hlad

Odkud všichni pocházíme
před příchodem zoufalých tužeb
jak procházíme samsárou
při hledání duševního klidu

Tvář viděná poprvé
jako odraz v zrcadle
něco, co jsme vždy měli
ale nikdy jsme to nevnímali

To je naše skutečná esence
náš nejvyšší vnitřní mistr
nejpravdivější stav mysli
leží v nečinnosti, dokud se neprobudí

Stůjte odvážně jako hora
ať pochopíte prastarou pravdu
umlčte všechny smysly
nechte odpovědi stoupat a vyplavat na povrch

Zbývá málo času
pochopit tuto vnitřní pravdu
a najít ten zdroj světla
klíč k věčné blaženosti

Jsem vlna

Kdo jsem?
Jsem vlna, nejsem
jedna forma ale navždy
se měnící dynamický nestálý tok
zvedám se a pak rychle zmizím jen
jeden krátký život, jak dosáhnu vrcholu
podívám se dolů z výšky jen abych si
uvědomil, kdo jsem, nejsem sám
nejsem o nic lepší ani horší jen
jiný ale stále stejný připojen
k ostatním, kteří existují
stejně jako já společně
jeden element přesto dole
proudí rozzlobené proudy a
nahoře silně fouká vítr víří a otáčí
a my narážíme proti sobě a když vítr
ustane a tichý klid opět převládá znovu
spojíme se do jednoho klidného a
mírumilovného oceánu už žádné
rozdíly už žádné vrcholy už
žádná údolí teprve potom
víme, kdo opravdu
jsme, jsme jedno
a totéž

Topím se ve tvých modrozelených oceánech

Vidím tvé rozbouřené vlny; přijdou a smetou mě na břeh
a já vím, že moje láska k tobě zůstane navždy
a jak stoupáš a vrcholíš proti svému stříbrnému písku
mohu se vynořit z hlubin a natáhnout k tobě ruku

Kolébejte mě a odveďte pryč
do jiné doby a na jiné místo
kde se mohu topit v modrozelených oceánech … tvých očí
topím se ve tvých modrozelených oceánech

Tvůj druh lásky je ten, který vychází z tvého zvuku
a tvé tváře se mění bez jakékoliv logiky
a teď už vím, co jsem vždy měl dělat
hledat zevnitř a trávit svůj čas s tebou

Beznadějně plující se vším, co děláš
emoce se zvedají a já se v tobě utápím
a teď už vím, co jsem vždy měl dělat
hledat zevnitř a trávit svůj čas s tebou

Kolébejte mě a odveďte pryč
do jiné doby a na jiné místo
kde se mohu topit v modrozelených oceánech … tvých očí
topím se ve tvých modrozelených oceánech

Cítím mír

Cítím mír…
když je moje mysl úplně jasná
když nikdy nepřichází mraky
když uvolním sevření svým strachem

Cítím klid…
když mě utrpení z minulosti opustí
když žádné starosti nenaplní budoucnost
když můj hněv ustane

Cítím blaženost…
když po ničem netoužím
když to, co potřebuji, je to, co mám
když přijmu, co život přinese

Cítím rovnováhu…
když se moje plány dokážou měnit
když nic nemá smysl nebo důvod
když jsem nucen přehodnotit

Cítím se uvolněně…
když se pozastavím, abych slyšel své srdce
když vdechuji radost v každém okamžiku
když se zdá, že se svět rozpadá

Cítím mír…

když přichází z hloubi mého nitra

když jeho silou nelze otřást

když můžu jen dát své mysli svobodu

Teplo srdce

Ze slunečních paprsků
přichází teplo srdce
chvěje se jako okvětní lístek
dotkne se pouze těch šťastlivců, kteří věří
a někdy pomine zábleskem okamžiku
jeho síla chrání ty, kteří se bojí noci
a sahá až za hranice oceánů
dál, než oko dohlédne

Dodává sebevědomí dosáhnout až k nejvyšším nebesům
a poskytuje útočiště těm, kteří jsou ztraceni
jeho činy neznají slova a neočekávají odměnu
jeho objetí je vlídné a usměvavé
jako prosté potěšení držících se rukou
při chůzi za slunečného letního dne

Ze studené zimní noci
přichází zuřivý vítr
fučí proti mořským vlnám
stejně jako nejistota nezná žádný směr
neodpouští a přináší do srdce chlad

Prší, kapky padají
jako slzy na tvářích malého dítěte
očistí duši a přináší nový život

vzduch je klidný a vítr je nyní tichý

po silné bouři opět v mysli mír

Z temné noci

přichází jemný vánek, který s sebou nese

dávnou vřelou vzpomínku

na spadlý okvětní lístek z květu minulosti

je to jen stopa, která přetrvává v mlze

přesto je silná a mocná a setrvá hluboko v mé duši

Neměřitelné

Rozhodl jsem se přebývat
v božských příbytcích
i když můj tragický lidský život
prošel mnoha různými cestami

Napříč nadčasovými oceány
k vrcholkům majestátních hor
uvízl na ostrově
zatímco moje mysl navždy hledá

Brnění soucitu
sílu, kterou se snažím nosit
pro svět, jenž často trpí
společným břemenem, které musíme sdílet

Kéž jsme všichni šťastní
ať jsou naše životy bezpečné a vyvážené
a kéž jsme všichni zdraví
tam, kde je hojnost jen mírumilovných srdcí

Milující činy laskavosti
které vyzařují z jádra
teplé rozpínavé světlo
vor, který nás vezme na břeh
když štěstí obdaruje ostatní

ale mou cestu mine
uchopím moudrost
zdroj radosti, který dnes můžeme držet

Udržuji dokonalou rovnováhu
když vstanu nebo když spadnu
vyrovnanost mysli
nestrannou lásku – tu dávám všem

Metta, karuna, mudita, upekkha
posvátné ctnosti, které jsou mi tak blízké
ukotvené pilíře moudrosti
ta nezlomná pravda, kterou ctím

Světské poklady, po kterých často toužím
ač se zdá, že přinesou tolik potěšení
nikdy se nemůžou rovnat nekonečnosti myslí
jejich bezmeznému bohatství, neměřitelné

Nezkušená mysl

Kdysi jsem byl mistrem
přísným a nepoddajným
zaslepen svou odborností
nevědom si svého fatálního omylu
omezená mysl
procházel jsem úzkými uličkami
jen abych objevil
barikády odporu
svou masku oslnivosti stísněnou
mezi zavřenými dveřmi nevědomosti

Nyní pěstuji nezkušenou mysl
otevřené zvídavé nebe
bez mračen domýšlivosti
moudrost v nejistotě
dech panenského vzduchu
laskavě přijímám
vše, co se nikdy nedozvím
navždy učněm
nikdy mistrem
ochotný se učit
ochotný vykročit vpřed
nevinnost dítěte
jasný nezakalený zrak
měkkost a tvárnost

plný údivu a vzrušení

bez názorů

bez mylných představ

žádná očekávání, žádné přesvědčení

bez jakýchkoliv soudů

s širou myslí

jsem otevřený

nekonečným možnostem

jako prázdné stránky knihy

čekám na popsání

slyším hlouběji

vidím jasněji

rozumím o tolik víc

můj pohár naplněný zvědavostí

jak se řídím svou intuicí

nezaujatý sevřením svého ega

má mysl začátečníka

zůstává vždy přítomna

a zcela připravena

na zkušenosti

které mě čekají

Až budu starý

Až budu starý
co budu dělat?
Až budu starý
a zbyde mi málo dní

Budu litovat
věcí, které jsem udělal?
Budu zpívat do nebe
nebo se modlit ke slunci?

Až budu starý
budu moudrý?
Uvidíš opravdové srdce,
když se podívám do tvých očí?

Až budu starý
budu žít minulostí?
Budu žít v tuto chvíli
a prožívat každý den jako poslední?

Až budu starý
budu ještě rozumět?
Budu jednat soucitně?
Dokážu si říci o pomoc?

Až budu starý

a udělal jsem vše, co jsem mohl

bude mi život dávat smysl

tak jak jsem doufal, že se stane?

Bude každá vráska na mé tváři

značit ty chvíle, kdy jsem cítil bolest?

Nebo bude každá znamením,

že jsem se kdysi znovu narodil?

Stále je čas

než zestárnu

napravit chyby

Alespoň mi to bylo řečeno

Nesmím promarnit ani den

protože život je květina

a každý den je dar

který odchází hodinu po hodině

Naděje

svěrky se uvolní
myšlenky se rozvinou
démoni se rozpadnou
vzniká nový svět

záblesk okamžiku
chuť, kterou můžeš okusit
vnímání se transformuje
přináší zbožnou esenci

vyhlídka na modrou oblohu
rozpuk věčné lásky
a z mračen
vylétne holubice

Žádná mysl není ostrov

Moje rozrušená mysl
vědomí utlumené
prochází život ve spánku
navždy zoufale drží sny
a lpí na věčných touhách

Jako pták, který se pokouší létat
ale nikdy neopustí zemi
nikdy opravdu neosvobozen od pout
svých iluzí

Očekávám, doufám, toužím…
po pomíjivých okamžicích předávání radosti
zatímco trpím a beznadějně sleduji
jak vznikají a rozpouštějí se
do zakořeněné reality nestálosti

Zdá se, že na obzoru není konec
z jeho sevření nikdo neunikne
váže mě to k marným vzpomínkám a neukojeným přáním
oslepuje mě v přítomném okamžiku
v tom jediném, kdy opravdu žiji
a tom jediném čase vnitřního míru a probuzení

Žádná mysl není ostrov

žádná vlna v oceánu není sama

nelze ukrást drahocenný dech

nelze najít stopu po mém „Já“

Moje klidná mysl

probuzené vědomí

nekonečná rozloha nebe

nikdy nespočinout v říši neživých

uvolněno z brutálního sevření

po kterém mé smysly touží

Uvědomění a soustředění na jasnost

osvobozen od nevědomosti a iluze

nezávislý na břemeni strachu

cítím, jak se zvedám

a stoupám nad zamračenou oblohou

váha milionu životů

uvolněn ze své bolavé mysli

Celý vnějšek se nyní prolíná s vnitřkem

můj ostrov přestal existovat

jak se rozprostírá za horizont

sjednocuje se s oceány

s oblohou a dosahuje

do nekonečné rozlohy věčnosti

Žádná mysl není ostrov

žádná vlna v oceánu není sama

nelze ukrást drahocenný dech

nelze najít stopu po mém „Já“

www.ingramcontent.com/pod-product-compliance
Lightning Source LLC
LaVergne TN
LVHW011048100526
838202LV00078B/3896
* 9 7 8 8 0 8 8 0 2 2 2 0 6 *